TRADICIONES MEXICANAS PARA NIÑOS

Tradiciones mexicanas para niños es un compendio sencillo y a la vez didáctico que contiene las costumbres más arraigadas de nuestro país, así como manualidades para realizar cada una de estas festividades.

Incrementa tus conocimientos, entérate cuáles son los orígenes del Día de Reyes, la Pascua, la Navidad, el Día de la Virgen de Guadalupe, Día de Muertos, la charrería, el Día de la Independencia, los nacimientos y muchos otros eventos que año con año festejamos y que forman parte de nuestra identidad como mexicanos.

Realiza un recorrido a través de la riqueza cultural de tu país y no olvides cómo y dónde se originaron, qué representan y cómo se celebran actualmente estas costumbres, con tu libro *Tradiciones mexicanas para niños*.

MÓNICA STEVENS

TRADICIONES MEXICANAS PARA NIÑOS

SELECTOR
actualidad editorial

SELECTOR
actualidad editorial

Doctor Erazo 120   Tels.   588 72 72
Colonia Doctores   Fax: 761 57 16
México 06720, D. F.

TRADICIONES MEXICANAS PARA NIÑOS

Diseño de portada: Alberto Flandes
Ilustraciones de interiores: Ricardo Camacho

ISBN-13:978-968-403-934-6
ISBN-10:968-403-934-4

Vigésima Primera reimpresión. Marzo de 2006.

A mis hijos Colin y Ashley,
en recuerdo de sus raíces.

Contenido

Contenido

Prólogo

Como todos sabemos, México es un país rico
en cultura y tradiciones. En realidad, todo
ello es parte importante de nuestro valor
como nación independiente; por eso
debemos preservar nuestro maravilloso
legado histórico, un legado con el que aún
algunos de los países más desarrollados no
pueden contar. Y es que la riqueza
de nuestra historia y de nuestras tradiciones
no puede comprarse.
Simplemente se ha venido heredando
de padres a hijos a través de los siglos,
y es nuestro deber como mexicanos
conocerlas y preservarlas en beneficio
de las generaciones venideras.

Mónica Jones de Stevens

A los padres y maestros

En el México moderno se han infiltrado
costumbres y tradiciones extranjeras
como *Halloween* y el día del amor, y a pesar
de lo atractivas y novedosas que puedan
resultarnos, y aun cuando hayamos decidido
adoptarlas y enriquecer con ellas la cultura
de nuestro país, esto no significa que debamos
olvidar las nuestras, igualmente originales
y alegres, o más.

Por eso, a través de esta obra
intento ilustrar de manera sencilla y amena,
para la niñez mexicana, cómo y cuándo
surgieron nuestras tradiciones, indicando
además trabajos manuales para esas
ocasiones, a fin de recordar cuáles son
nuestras verdaderas costumbres y fechas
tradicionales, cómo y cuándo se festejan,
y el hecho de que representan nuestras
raíces, nuestro vínculo con un pasado lleno

de riqueza espiritual, fundamento de nuestra historia e idiosincrasia.

Recordemos, o bien aprendamos, qué significa la Navidad, cuál es la razón para festejar el Día de Muertos, qué significa ser charro, cómo debe celebrarse realmente la Semana Santa, y preservemos nuestro legado histórico, compartiéndolo con nuestros hijos y sintiéndonos orgullosos de ser mexicanos.

Los Reyes
Magos

La tradición de los Reyes Magos es una de las más arraigadas en México, debido a su popularidad entre la niñez. ¿A qué niño no le gusta recibir los regalos que le han traído los Reyes por su buen comportamiento durante el año anterior? Complemento de esta tradición es la deliciosa rosca de Reyes, que año con año se merienda en familia, acompañada de una espumosa taza de chocolate.

¿DE DÓNDE SURGIÓ LA TRADICIÓN DE LOS REYES MAGOS?

ESTA COSTUMBRE LA TRAJERON DE ESPAÑA LOS MISIONEROS, EN EL SIGLO XVI, Y ES PARTE DE LA TRADICIÓN CATÓLICA.

En el Evangelio según San Mateo se narra que tres magos, venidos de Oriente,

recibieron el mensaje de que nacería
el Salvador del mundo.

      La noticia se expandió con gran
rapidez y llegó a los oídos del rey Herodes,
quien le encargó a los magos que fueran

a Jerusalén para cerciorarse de cuál era la verdad sobre el nacimiento del Hijo de Dios. Los reyes emprendieron el camino siguiendo una estrella fulgurante que los guió hasta un pequeño pesebre en Belén. Al llegar ahí encontraron al recién nacido, adorado por los humildes pastorcillos de los alrededores (tal como se ve en el nacimiento que pones en tu casa durante la época navideña). Los Reyes Magos le presentaron sus regalos de oro, incienso y mirra (tres productos muy valiosos) y procedieron a adorarlo de rodillas al igual que los demás. A este suceso la Iglesia católica le llama Epifanía.

En recuerdo a estos presentes, los niños de México reciben también sus obsequios cada año, en la misma fecha.

¿Cómo surgió la tradición de la rosca de Reyes?

La rosca nos llegó de España. Aunque la palabra "rosca" hace referencia a una forma circular, con el paso del tiempo a la rosca de Reyes hubo que agrandarla, pues cada vez había más invitados

AL CONVIVIO; COMO ERA IMPOSIBLE HACER UN CÍRCULO
ENORME QUE NO CABRÍA EN NINGÚN LADO, SE COMENZÓ
A OVALAR EL PAN PARA QUE CUPIERA EN LA MESA FAMILIAR,
QUE CASI SIEMPRE ES RECTANGULAR.

La rosca contenía en su interior
(además del adorno de frutas secas que se
coloca en su superficie) pedacitos de acitrón.
Las personas que los encontraban quedaban
comprometidas a presentar el día 2
de febrero en la iglesia local al Niño Dios
del nacimiento de la casa donde se había
servido la rosca. Esta fecha se conoce
en México como Día de la Candelaria.

Antiguamente, las personas que
no estaban muy de acuerdo con el asunto
de la presentación procuraban tragarse
el pedacito de fruta y, así, quedaban libres
del compromiso. Alguna señora muy
previsora decidió incorporar a la mas
de la rosca un pequeño niño de porcelana,
¡que resultaría bastante más difícil de tragar!,
para evitar quedarse sin padrino para
su Niño Dios el Día de la Candelaria.

En el México moderno, las
personas que se sacan al niño (que hoy es
de plástico) deben organizar una merienda

de tamales y chocolate para los asistentes
a la rosca de Reyes. Actualmente, mientras
más grande es la rosca, más niños se
encuentran en su interior,
y el costo de la merienda se reparte entre
quienes se los sacan. Ésta es una de las fiestas
más sencillas y tradicionales en México.

REY MAGO DE GLOBO

MATERIAL:

1 Globo grande ya inflado
1 Pliego de papel crepé blanco y uno rojo
* Papel metálico en colores vivos (verde, rosa mexicano, dorado, plateado, rojo y azul)
* Engrudo
1 Taza de harina
1 Pliego de cartoncillo negro y uno blanco
* Pintura vinílica rosa o café (según el Rey Mago que vaya a hacerse).

Instrucciones:

Se forra el globo con papel periódico cortado
en cuadritos de 2 x 2 cm. Para pegar
el papel se debe mojar perfectamente en el
engrudo. Esta operación se repite varias

veces más, dejando secar entre capa y capa
hasta que el globo quede firme. Luego
el globo se pinta de rosa o café, según el rey
mago que se desee reproducir.

Baltasar

   En el caso de Baltasar, el globo
se pinta de café y se forma un turbante con
   el papel crepé blanco, que se anuda
en la parte delantera. Se le coloca un óvalo
   de papel metálico dorado para simular el
broche; con otro pedazo de papel metálico
   rojo se simula la pluma del tocado.
Se recortan en cartoncillos blanco y negro
   los ojos y la nariz, y en el papel metálico
rojo, la boca. Se le colocan aretes también
de papel metálico dorado (como se muestra
   en la ilustración).

En el caso de Melchor, el globo
se pinta de rosa. Se corta el papel crepé
blanco en tiras largas que se pegan
en la parte superior del globo para simular
la cabellera del rey. Encima se coloca
la corona, hecha de papel metálico dorado
con rubíes de papel metálico rojo. La cara
se forma como la de Baltasar, pero
se le agregan tiras de papel crepé blanco
para simular los bigotes y la barba (como
se muestra en la ilustración).

Gaspar

Para Gaspar, la cara se pinta
también de rosa, pero la corona debe ser de
papel metálico plateado, en forma de rodete,
cruzado en la parte superior por dos tiras
plateadas sobre papel crepé rojo. La cara
se hace como la de los dos reyes anteriores,
pero el cabello, el bigote y la barba se hacen
de papel crepé café en tiras que se enrosquen
con la ayuda de las tijeras para formar un
cabello rizado (como se muestra en la
ilustración).

Para colgar a tu Rey Mago, lo único que tienes que hacer es amarrar un trocito de cordón o de mecate a la punta del globo (que quedó en la parte superior), donde están las coronas o el turbante. Tendrás así un adorno navideño de lo más original.

Semana
Santa

Esta semana que cae entre los últimos
días de marzo y los primeros de abril
de cada año es muy importante para
la mayoría de los mexicanos católicos,
no sólo porque los niños salen de vacaciones
en esos días, sino porque se lleva a cabo
una serie de actividades de carácter religioso
en las que interviene toda la familia.

La Semana Santa comienza con
el Domingo de Ramos, cuando se llevan
a bendecir a la iglesia ramitos de palmas,
que después se colocan detrás de la puerta
de las casas. Del lunes al jueves de esta
semana se les conoce como "días santos".
Los días subsecuentes son Viernes de
Dolores, Sábado de Gloria y Domingo
de Resurrección. Cada uno de estos días
conmemora hechos importantes de la pasión
de Jesucristo.

Lunes y Martes Santos conviene asistir a misa. El Miércoles Santo se lleva a cabo la quinta y última ceremonia de la Seña; en la tarde comienza el Oficio de Tinieblas.

¿Qué es la ceremonia de la Seña?

Es una ceremonia que se lleva a cabo cinco veces, en memoria de las cinco llagas que padeció el cuerpo de Jesucristo, las cuales conservó visibles después de su resurrección, (como podemos ver en sus imágenes y representaciones).

Los cinco días en que se celebra la Seña son Sábado y Domingo de Pasión, Sábado de Cuaresma, Domingo de Ramos y Miércoles Santo.

El Jueves Santo se lleva a cabo la ceremonia del lavotario, para recordar que Jesús les lavó los pies a los apóstoles, como ejemplo de solidaridad e igualdad entre los hombres. También se acostumbra la visita de las Siete Casas, esto es, visitar siete iglesias distintas en ese mismo días, así como Jesús fue trasladado en su proceso. El Viernes

Santo, de las doce del mediodía a las tres
de la tarde se llevan a cabo los ejercicios
de la Agonía del Señor, o sea sobre las Siete
Palabras. Por la noche se da el pésame
a María Santísima. El Sábado de Gloria
se llevan a cabo oficios en todas las iglesias,
y la bendición en todas las parroquias
de la fuente bautismal. Por la noche se efectúa
una solemne procesión llevando a cuestas
la efigie del Santísimo. Este mismo día por
la mañana se celebra la quema de los
"judas", recordando a Judas Iscariote, quien
traicionó a Jesús ante los fariseos por treinta

monedas. A principio de siglo, los judas contenían, además de pólvora, monedas que la gente recogía después de la explosión del muñeco.

¿QUE SIGNIFICA EL COLOR NEGRO DURANTE LA SEMANA SANTA?

SIGNIFICA QUE AL MORIR EL SEÑOR, LA LUZ DEL MUNDO SE APAGÓ Y TODO QUEDÓ SUMIDO EN TINIEBLAS.

Imponente es la celebración de la semana mayor en Taxco. Conocida como la Procesión del Silencio. La noche del Viernes Santo, se lleva a cabo una impresionante procesión de penitentes que encapuchados, portando capuchas y faldones negros que les llegan hasta los pies, y que se aseguran a la cintura por medio de cordones hechos de crin de caballo. Para expiar sus culpas, estos fieles caminan descalzos sobre el empedrado, algunos flagelándose la espalda, otros cargando cadenas al cuello, y otros más llevando hatos de zarzas sobre la nuca, sosteniéndolos con los brazos. A pesar de la seriedad con que los integrantes toman esta ceremonia, la realidad es que esta tradición tan arraigada (que por cierto se lleva a cabo también en otros muchos poblados del país) goza de gran popularidad entre el turismo tanto local como extranjero, son cientos los visitantes que acuden cada año a presenciar la celebración del Viernes Santo en Taxco.

La
Pascua

Si la Semana Santa es época de
recogimiento y meditación al recordar
la pasión y la muerte de Jesús, la semana
de Pascua que comienza inmediatamente
después del Domingo de Resurrección
es ciertamente época de festividad y júbilo,
pues estamos celebrando la resurrección
de Cristo.

En México, al igual que en
muchos otros países con mayoría católica,
la Pascua se celebra en grande. Antiguamente
se acostumbraba regalar dulces típicos
mexicanos, como alegrías, pepitorias
y dulces cubiertos, a todos los conocidos.
Pero hoy se ha adoptado una costumbre
extranjera que ha tenido buena acogida en
México. ¡La llegada del Conejo de Pascua!
Este animalito que trae consigo una buena

cantidad de huevitos de chocolate forrados
de papel en colores brillantes, siempre quiere
hacernos trabajar, pues tiene la costumbre
de esconder los huevos en jardines y casas
y hacer que nosotros mismos vayamos
a buscarlos.

HUEVOS DE PASCUA

MATERIAL:

* Cascarón vacío de un huevo
* Pintura vinílica
1 Pincel muy delgado
* Estrellitas plateadas o doradas de papel engomado
* Papel de china blanco o de colores (al gusto)
* Engrudo o pegamento blanco
* Lunetas, chochitos, chicles o caramelos pequeños (lo que quieras utilizar para rellenar el huevito, pero de tamaño pequeño.

INSTRUCCIONES:

El huevo se abre por uno de sus extremos
ovalados haciendo un hoyito lo más pequeño
posible sólo para que puedan salir por ahí la
yema y la clara (y posteriormente para que
quepan los dulces del relleno). El cascarón
ya vacío debe enjuagarse muy bien (de ser
posible con agua jabonosa para evitar que se
apeste). Se deja secar y después se procede

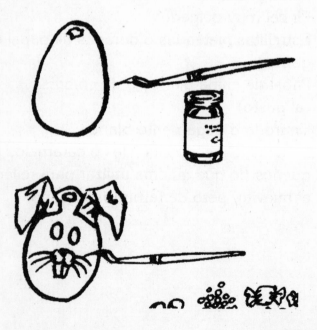

a pintarlo. Se pueden hacer caritas de conejo
(y se le pueden pegar orejas en papel de china
doblado para que se sostenga), pintarlo
y pegarle las estrellitas, o bien hacer formas
geométricas de mil colores. Lo importante
es que el huevo se vea lo más atractivo
posible. Después se rellena con las lunetas
o los caramelitos y finalmente se cierra la
abertura con un cuadrito recortado en papel
de china y engrudo o pegamento blanco.

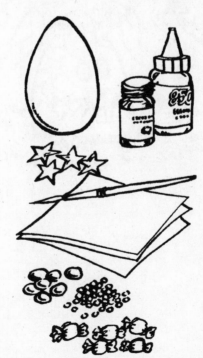

Se pueden colocar varios de estos huevitos en una canasta forrada por dentro con el resto del papel de china (para evitar que se golpeen y se rompan) y repartirlos entre tus amigos.

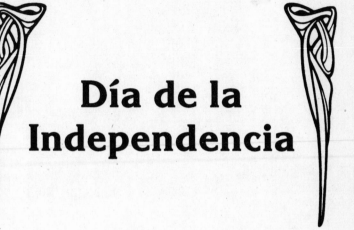

Día de la Independencia

Un México independiente, una patria libre y soberana, es lo que todos los mexicanos deseamos tener. Y eso es precisamente lo que se conmemora todos los años la noche del 15 de septiembre, fecha en la que hace ya más de 180 años, México comenzó su lucha para liberarse del dominio español que sufría desde la conquista de Tenochtitlan el 13 de agosto de 1521, la cual culminó con la entrada del Ejército Trigarante a la ciudad de México, encabezado por Agustín de Iturbide, el 27 de septiembre de 1821.

La conspiración para poner fin al gobierno extranjero se planeó con gran cuidado. Desafortunadamente, los españoles descubrieron la conspiración antes de tiempo. La misma esposa del corregidor de Querétaro, doña Josefa Ortiz de Domínguez, quiso avisar

a los conspiradores y al verse encerrada por su marido logró comunicar su mensaje golpeando el piso de su casa con su zapatilla. Así, la guerra de Independencia dio comienzo la noche del 15 de septiembre de 1810, cuando el padre Miguel Hidalgo y Costilla sonó la campana de su iglesia en Dolores para reunir a todos sus fieles y comunicarles que al grito de "¡Viva México!", "¡Viva la Virgen de Guadalupe!", el pueblo mexicano lucharía por su libertad y autonomía.

La gran fiesta mexicana del 16 de septiembre

Como parte
de las celebraciones del
Centenario
de la Independencia,
la Columna
de la Independencia,
fue inaugurada por don Porfirio
Díaz el 16 de septiembre
de 1910.

En el año de 1900
se conmemoró el aniversario número
noventa y uno de la Independencia
de México. El general Porfirio Díaz, entonces
presidente de nuestro país, encabezó una
gran celebración en la que se condecoró
a doce indígenas sobrevivientes que
combatieron y ganaron en el afamado sitio
de Querétaro durante la guerra
de Independencia.

Hoy en día, con una gran cena
en Palacio Nacional se celebra el día de la
Independencia. Al zócalo de la ciudad de
México asisten innumerables mexicanos para
unirse al júbilo y compartir la alegría de los
fuegos artificiales y los puestos de comida
típica que se colocan para convertir el lugar
en una verdadera fiesta, tal como corresponde
a la celebración del aniversario de nuestra
independencia.

Muchos fueron los héroes que participaron
en esta guerra de Independencia.
Los nombres de Hidalgo, Allende, Aldama,
Abasolo, Jiménez, Vicario, Mina y Morelos
nos recuerdan la importancia de una patria

libre e independiente. Agradecemos el
sacrificio de nuestros héroes año con año
en el mes de septiembre, al grito de
*¡Viva México! ¡Vivan los Héroes
de Independencia!*

En todas las embajadas
de México en el extranjero se invita a los
mexicanos, tanto turistas como residentes
del lugar, para que se unan al festejo que se
lleva a cabo, cuando el embajador en cada
país levanta la bandera mexicana y grita
"¡Viva México!" al unísono con sus
compatriotas que están lejos de su tierra
natal.

Mientras, en México se tañen
las campanas del Palacio Nacional y de los
distintos palacios municipales y delegaciones
políticas del Distrito Federal, para recordarnos
que la labor de nuestros compatriotas
no debe ser en vano, que la libertad hay que
cuidarla y apreciarla para conservar
el México libre que la guerra de Independencia
nos legó.

LA BANDERA MEXICANA

MATERIAL:

* Papel de china verde, blanco y rojo (un pliego de cada color)
1 Popote
* Engrudo
* Plumones en colores café, azul, naranja y
  verde

INSTRUCCIONES:

Se cortan rectángulos iguales de 7 x 5 cm en
el papel verde, blanco y rojo.

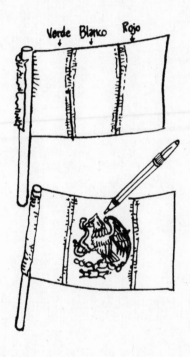

Día
de Muertos

La celebración del Día de Muertos es una
de las fiestas nacionales más típicas y llenas
de colorido de nuestro país. Además de las
calaveritas de dulce, se distingue porque
es tiempo de recordar a nuestros seres queridos
que han muerto.

¿Sabes para qué se celebra el Día de Muertos?

Para sentir que nuestros seres queridos no se han
ido del todo.
En México celebramos a los muertos a través
de una mágica manifestación de amor,
dedicada a nuestros familiares y amigos que
han alcanzado ya la vida eterna y por tanto
es una manera de sentirnos aún en contacto
con ellos.

El culto a la muerte en México no
es algo nuevo, pues ya se practicaba desde
1800 a.C., muchos siglos antes de la llegada
de los españoles, como atestigua la máscara
descarnada de Tlatilco. Asimismo, en el
Calendario Azteca, o *Tonalámatl*, que se
localiza en la Sala Mexica del Museo Nacional
de Antropología e Historia, en el Bosque
de Chapultepec de la ciudad de México,
podemos observar que de los 18 meses que
componen este calendario, había por lo
menos seis festejos dedicados a los muertos.
Siendo los dos principales el noveno mes
o *Micailhuitontli*, que significa "fiesta de los
niños difuntos", y en el décimo mes, llamado
Hueymicáilhuitl, conmemoración de los
muertos adultos.

Los evangelizadores cristianos aceptaron
en parte las tradiciones de los antiguos
mexicanos para poder implantar el cristianismo
en nuestro país.

Esta celebración no se limita a
poner altares y llevar música a los cementerios.
Por ejemplo, en la región mazahua, que se
localiza donde colindan los estados de
México y Michoacán, desde Angangueo hasta

Zitácuaro y Morelia, el culto a la muerte lo encarnan las mariposas monarca, de acuerdo con las creencias de la región purépecha, representan a los espíritus de sus antepasados. Por ello, todos los años los mazahuas esperan, con ofrendas de cera y copal, la llegada de estas "mensajeras de los dioses", como llaman a las mariposas monarca, que por millones vuelan cada año desde los bosques de Canadá y de Estados Unidos hasta los bosques de nuestro país, para completar su ciclo de reproducción.

La manera más tradicional (y más conocida en el mundo entero) de celebrar el Día de Muertos es precisamente con las ofrendas para los "muertos chiquitos" y para los "muertos grandes", y el contenido de cada una de ellas es adecuado a quien se está celebrando.. Por ejemplo, en el poblado de Calcahualco, en Totosinapa, Veracruz, el 1o. de noviembre, que se dedica a los niños difuntos, se colocan coronas de cempasúchil sobre el marco de la puerta, o bien en ramos en las esquinas de los altares, que se decoran con veladoras, pan de muerto (a veces en forma de calavera, incluso), plátanos, naranjas, guayabas, calaveritas de azúcar, caña, tejocotes y agua de frutas.

Por la noche, los niños del pueblo salen a las calles a pedir su "calaverita" al son de:

"La calavera tiene hambre,
¿no hay un pancito por ai?"

El 2 de noviembre se dedica a los "muertos grandes", esto es, a los adultos, y se añaden al altar botellas de aguardiente y de cerveza, cajetillas de cigarros, platones de calabaza en tacha y de mole con arroz.

Un detalle muy importante en las ofrendas son las fotografías de los muertos a quienes se está honrando.

Durante toda la noche, los muchachos del pueblo, a los que se conoce como "gracejos", bailan al compás de guitarras, sonajas, acordeones, tambores, flautas y silbatos, visitando casa por casa. En todas ellas se colocan cruces de flores de cempasúchil a ambos lados del camino hacia la puerta. El tercer día, que se conoce como Día de los Responsos, se visita a los muertos en el

La muerte en los murales de Diego Rivera.

panteón, se limpian las tumbas y se lleva
pan, café y chocolate a los campaneros
de la iglesia, que las repicaron toda la noche
anterior en recuerdo de los que se han ido.

¿Sabes por qué se utiliza en especial la flor de cempasúchil?

Porque esta flor es el símbolo y parte de la
ofrenda que representa el resplandor del sol, que
como tú sabes se consideraba el origen de todo.
Cada flor representa una vida, y en el caso del
difunto significa que éste aún conserva un lugar
dentro del Todo y que no ha sido olvidado por sus
amigos y familiares.

Curiosamente, en el poblado de
Huaquechula, en el estado de Puebla,
no se utiliza la flor de cempasúchil, sino que
las tumbas se adornan con nube y gladiola.
En Chiapa de Corzo se lleva
serenata a los panteones para festejar
el regreso de los muertos que visitan a sus
familiares. Así, la pequeña población
se cubre de flores y las familias se encargan
de limpiar perfectamente las tumbas de sus

seres queridos para recibirlos como
se merecen.

Una de las poblaciones más
reconocidas por su celebración del Día de
Muertos es San Andrés Míxquic, localizado
en la delegación Tláhuac del Distrito Federal.
Aquí, la historia de esta tradición data de la
época de la Conquista. En ese lugar se hizo
uno de los descubrimientos arqueológicos
más significativos de nuestro país, al
encontrarse la imagen de la diosa *Miquixtli*,
deidad que representaba a la muerte y que
estaba adornada por cráneos humanos.
Se sabe que cada 265 días se sacrificaban
grandes grupos de prisioneros de guerra
en su honor, y que en el pueblo se localizaban
varios *tzompantlis* o muros de huesos.
El Día de Muertos en Míxquic ha cobrado
fama mundial, y hoy este pequeño poblado
recibe cada año la visita de turistas de todas
partes que acuden a admirar una de las
tradiciones más típicas del mundo.

En este lugar se cree que,
al ponerse el sol, las almas de los difuntos
entran y se dispersan por todo el pueblo,
hasta llegar a sus antiguas moradas, y que

las almas de los niños abandonan el poblado a la medianoche. Las casas permanecen abiertas para que los visitantes puedan admirar los altares. Además, los habitantes pasean en alto una calaca de cartón por las calles del pueblo, simulando un cortejo fúnebre.

Así también el Día de Muertos en la Isla de Pátzcuaro es famoso a nivel internacional, con sus maravillosas ofrendas lacustres, es decir, se colocan sobre el lago mismo, con sus veladoras encendidas y flores de cempasúchil que asemejan pequeños soles flotando en la inmensidad de las aguas.

Ya verás como en tu escuela tus maestros van a enseñarte a poner un altar para el Día de Muertos. Tú y tus compañeros deberán llevar platillos preparados, rámos de flores de cempasúchil y de nube, y calaveritas de azúcar, o bien te enseñarán a componer rimas en broma, en las que se hable de los vivos como si estuvieran ya muertos, haciendo mención de sus costumbres o de su personalidad. Estas rimas se conocen como "calaveras" y son muy populares, incluso en los periódicos y revistas, durante la celebración del Día de Muertos.

Por ejemplo, para alguien a quien
le gusta mucho la cocina:
Mariquita cocinaba
cuando la muerte llegó,
y le dijo: "Ven conmigo
que mucha hambre tengo yo."

Y así murió Mariquita:
preparando un comilón
para ofrecer a los muertos
que ya están en el panteón.

En tiempos de los mexicas, el rey poeta
Axayácatl y los trece poetas del mundo maya
escribieron bellas poesías relativas a la muerte.
A partir del siglo XVI contamos con más de
140 poetas que han rendido culto a la muerte
en su obra literaria. Entre ellos destaca Sor
Juana Inés de la Cruz.

¿Sabes quién fue José Guadalupe Posada?

Fue uno de los artistas más importante de nuestro país. No sólo llevó a cabo una crítica social en sus grabados en madera durante el porfiriato, sino que plasmó una serie de caricaturas de calaveras y muertos que han cobrado fama y recorrido el mundo entero, difundiendo el sentido del humor del mexicano.

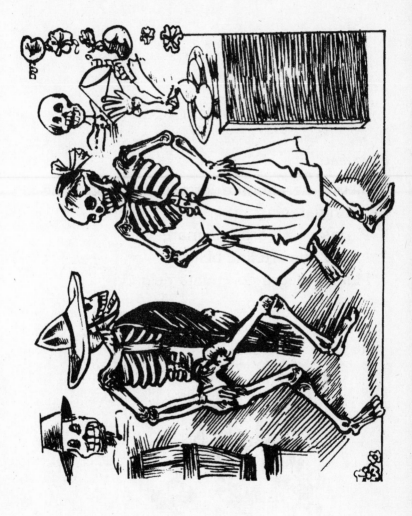

Móvil de calacas

MATERIAL:

2 Metros de alambre forrado de plástico negro o naranja.
* Pinzas para cortar alambre
1 Pliego de cartulina blanca
1 Plumón negro con punta delgada

INSTRUCCIONES:

El alambre se corta en pedazos de aproximadamente 15 cm que se doblan como se muestra en la ilustración, y se cuelgan de los aros que se formaron en el alambre principal. Después, con el plumón se dibujan las calacas de 12 cm de largo en la cartulina blanca y se recortan. La cabeza de cada calavera se atraviesa a la altura de la frente con la punta de cada uno de los alambres inferiores. Cada una debe

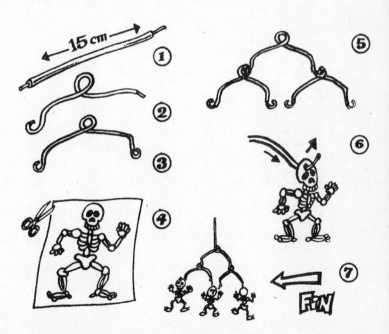

quedar a una altura diferente para mejor
efecto. Finalmente, se corta un pedazo de
alambre de 20 cm y se ensarta en el aro
superior del alambre de soporte para colgar
el móvil.

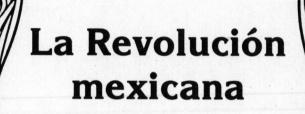

La Revolución
mexicana

Una de nuestras fiestas patrias más importantes es sin duda el 20 de noviembre, cuando celebramos la Revolución mexicana.

¿Qué fue la Revolución mexicana?

Fue un movimiento armado que duró de 1910
a 1921, mediante el cual la riqueza y las tierras
se distribuyeron más equitativamente y surgió
la clase media.

La Revolución mexicana se
originó debido a las terribles e injustas
diferencias de las clases sociales y económicas
que imperaban durante el regimen de Porfirio
Díaz, quien subió al poder a la muerte de don
Benito Juárez, y a la mala situación del
proletariado, o sea la gente pobre, y de los
campesinos. La educación y los bienes
de la cultura, como la ópera y el teatro, eran
privilegio exclusivo de las clases
acomodadas, formada principalmente por
los ricos hacendados (colonias enteras de la
ciudad de México representaban la propiedad
de una sola familia, como en el caso de las
haciendas de Narvarte y San Borja, y los
ranchos de Los Álamos, Xola, Nápoles, San
Pedro de los Pinos y Amores), los criollos,
los políticos y los extranjeros —que constituían
casi una aristocracia semifeudal—, lo cuál
perjudicaba a las grandes mayorías populares.

Se cuenta que las diferencias
eran tan grandes entre las clases sociales,
que por una misma infracción a la ley
un indígena recibía 25 azotes, ¡mientras que
el hacendado simplemente debía pagar una
multa de 200 pesos!

A pesar de que don Porfirio hizo
grandes esfuerzos por modernizar a México
al atraer a los inversionistas extranjeros
y al adoptar costumbres y modas del
exterior, nuestro gobierno se convirtió en una
dictadura. Además, los ferrocarriles, el petróleo
y la explotación de las minas de carbón,
se encontraban en manos de extranjeros
que obligaban al gobierno mexicano
a proporcionarles desde el uso de tierras
hasta enormes pagos de subsidios por su
asesoría y colaboración. Los extranjeros
pagaban jornales de hambre a nuestros
trabajadores y el gobierno lo permitía.
En resumen, México dependía totalmente
de las potencias extranjeras para sobrevivir.

Con el paso del tiempo —pues
don Porfirio Díaz permaneció en el poder
durante más de 30 años—, el dictador fue
perdiendo el control del gobierno y algunos

de sus ambiciosos colaboradores aprovecharon la situación para explotar aún más al proletariado y mejorar su propia economía y posición social sin importarles lo injusto de la situación.

En esta lucha armada participaron grandes héroes que perdieron la vida en aras de una verdadera independencia, de una justicia social y de un México mejor. A personajes como Francisco I. Madero, Venustiano Carranza, Emiliano Zapata, y Francisco Villa les debemos hoy que México sea una nación libre e independiente, con posibilidades de progreso para el futuro.

Para hacer valer verdaderamente su sacrificio debemos siempre mirar hacia adelante y actuar con honor y dignidad, engrandeciendo nuestra patria y manteniendo nuestras tradiciones intactas a través de los años.

El resultado de la Revolución mexicana fue más justicia social, y la desaparición de los bienes propiedad de la Iglesia, según lo estipulado en las Leyes de Reforma, promulgadas por Benito Juárez, lo que constituyó un avance en la

independencia económica del país.
Existe una frase de Benito
Juárez que debemos recordar siempre:

"Entre los individuos como entre
las naciones, el respeto al derecho
ajeno es la paz..."

En los niños de México reside el futuro
de toda una nación. En su honradez
y responsabilidad descansa el progreso de
este país, que ha tenido que luchar desde sus
inicios por una vida mejor. Por eso
continuemos celebrando año con año el 20
de noviembre el aniversario
de la Revolución mexicana y a los hombres
que en ella participaron y que trajeron
consigo cambios tan importantes en
beneficio de nuestro México moderno.

Caballo blanco

MATERIAL:

* 1/2 pliego de cartulina blanca
1 Regla
1 Plumón negro de punto fino
1 Tijeras
1 Rectángulo de tela roja (tipo tejido)
  de 10 x 5 cm

INSTRUCCIONES:

Se corta la cartulina blanca en un rectángulo
de 26 x 6 cm. Luego se calca la silueta
según las proporciones que se indican en la
ilustración; se recorta la figura y se dobla
siguiendo las flechas de la ilustración.
Posteriormente se dibujan las crines, los
ojos, y todo lo demás con el plumón negro.
Finalmente se coloca el rectángulo de tela
roja sobre el lomo del caballo.

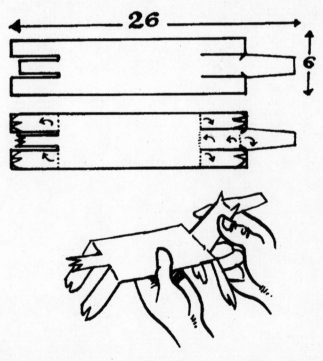

Día
de la Virgen
de Guadalupe

¿Conoces el origen de la celebración de la Virgen de Guadalupe? CUENTA LA LEYENDA QUE ENTRE EL 9 Y EL 12 DE DICIEMBRE DE 1531, DIEZ AÑOS DESPUÉS DE LA CAÍDA DE TENOCHTITLAN, UN INDIO LLAMADO JUAN DIEGO FUE A VER A FRAY JUAN DE ZUMÁRRAGA, QUIEN ERA OBISPO DE MÉXICO, PARA CONTARLE QUE MIENTRAS ESTABA EN EL CERRO DEL TEPEYAC SE LE HABÍA APARECIDO UNA DAMA MUY BELLA QUE LE HABÍA COMUNICADO SER LA VIRGEN MARÍA.

Juan Diego le informó al obispo que la Virgen le había pedido que se erigiera un templo en su honor en ese lugar. Al principio el obispo no le creyó, pero la Virgen se apareció tres veces más y, para probar que era ella en verdad, hizo que al extender Juan Diego su tilma (una especie

de manto, parte del vestuario indígena de aquellos tiempos) frente al obispo, después de la tercera aparición, cayeran al suelo varias rosas que la Virgen le había ordenado cortar. Además, el obispo pudo ver la imagen de la Virgen impresa en el ayate de Juan Diego.

La primera ermita del Tepeyac se construyó a fines de 1531. Más tarde se levantaron otros templos al pie del cerro, hasta construirse en 1976, la actual Basílica de Guadalupe, en la que caben 40 000 personas. Esta basílica es de forma circular, está hecha de mármol, tiene un órgano monumental que ocupa tres de sus diez pisos, y cuenta con siete puertas frontales. Las banderas de todos los países del continente americano ondean permanentemente.

En el lugar mismo donde la Virgen se le apareció a Juan Diego permanece la modesta Capilla del Cerrito, que data de 1740. A un lado de la basílica se localiza la Capilla del Pocito, que se terminó de construir en 1791, y cuya fachada está revestida de tezontle y mosaicos azules y blancos.

Una multitud procedente de todos los rincones de México se dirige en procesión a la basílica año con año, para venerar a la Virgen. Últimamente se ha instaurado la costumbre de cantar "Las mañanitas" para festejar el aniversario de su aparición. Además, el 12 de diciembre de cada año se efectúa una representación teatral en la que una jovencita interpreta el papel de la Virgen de Guadalupe. En esta obra intervienen también los personajes de Juan Diego, el obispo y los misioneros.

Se recrea el Cerro de Guadalupe con su iglesia, todo en madera, en el atrio de la basílica. La gente permanece toda la noche ahí mismo, rezándole a la Virgen.

Para quienes desean descansar un rato o tomar un refrigerio, afuera de la basílica se instalan decenas de puestos de comida, que venden desde tamales y café hasta gorditas de chicharrón o de queso, buñuelos y chocolate.

Durante toda la noche los danzantes santiagueros bailan con cascabeles firmemente atados a los tobillos, para festejar a la Patrona de México.

Un charro y su hijo durante una misa charra
en la Basílica de Guadalupe.

Virgen de piedra de río

MATERIAL:

1 Piedra de río bien lisa y de forma lo más triangular posible, de base ancha, para que se sostenga en posición vertical.
* Pinturas azul, carne, blanca y negra
1 Estampa de la Virgen de Guadalupe en la que el rostro mida aproximadamente 3 cm.
1 Pincel delgado
1 Pegamento blanco

INSTRUCCIONES:

La piedra se lava perfectamente y se deja
secar. Se recorta el rostro de la Virgen
de la estampa y se pega en la parte superior
de lo que será la cara frontal de la figura.
Luego se pinta sobre la piedra: el cabello
de negro, el manto de dorado y azul, y las
manos juntas sobre el pecho en color carne.
El resto de la piedra se pinta de dorado
y se deja secar.

Las
posadas

Parte importante de nuestras celebraciones navideñas son las famosísimas y muy divertidas posadas, pero...

¿SABÍAS TÚ QUE LAS POSADAS SON DE ORIGEN RELIGIOSO?

EFECTIVAMENTE, LAS PRIMERAS POSADAS FUERON EVENTOS PROFUNDAMENTE RELIGIOSOS Y SOLEMNES.

Se llevaron a cabo en el siglo XVI, cuando San Ignacio de Loyola sugirió una serie de oraciones o "novenas" para celebrar la Navidad del 16 al 23 de diciembre.

El ambiente solemne y circunspecto de los primeros años de la Colonia comenzó a desvanecerse poco a poco y, para 1796, el arzobispo de México se quejaba del ruido que no cesaba durante las misas de aguinaldo, pues los mexicanos celebraban la llegada de Jesús al mundo con silbatos, matracas, tronidos de cacahuate y otras frutas, además de alegrísimas canciones navideñas, que ya nada tenían que ver con la religión, ¡pero todo esto en pleno servicio religioso!

Así, hemos llegado a nuestros días celebrando las posadas con fiestas más que con oraciones, aunque en recuerdo del verdadero origen de estas celebraciones navideñas todavía es muy popular "pedir posada", con la mitad de los invitados fuera de la casa y la otra dentro. Los de afuera llevan cargando una representación de los peregrinos o un pequeño nacimiento y sosteniendo velitas encendidas, cantan la parte de María y José (¡Eeen el nombre del cieeeelooo.... Ooos pido posaaaada...!) con los de adentro negándose a darla (¡Aaquí no es mesóooon... Sigaan aadelaaante...!). Finalmente se deja entrar a los peregrinos (¡Entren, Santos peeeregrinos, Peeeregrinos!) y se parte la piñata, que debe estar llena de colación (el dulce típico de la temporada) y de fruta como naranjas, cañas, tejocotes, cacahuates. Para terminar la celebración tradicional antes de sentarse a cenar.

Niña vestida de Virgen María
para la celebración de la posada.

¿SABES DE DÓNDE SURGIERON LAS PIÑATAS?

LAS PIÑATAS SON DE ORIGEN CHINO. DE CHINA PASARON A ESPAÑA Y FINALMENTE LLEGARON A MÉXICO EN EL SIGLO XVII.

Según Artemio de Valle-Arizpe, existía un "domingo de piñata" que se celebraba en España inmediatamente después del Miércoles de Ceniza. A través de los siglos, las piñatas han conservado su atractivo, aunque su aspecto, los materiales que se utilizan para construirlas y su contenido

han variado con los años. En México se acostumbraba forrar con papel una olla de barro y formar así la piñata. Fueron tantos los niños descalabrados por los tepalcates, que comenzaron a hacer piñatas sin olla, únicamente de cartón, que, por consiguiente, son mucho más difíciles de romper, y no representan peligro para los niños.

Navidad

La celebración de la Navidad, es otra de las tradiciones que reúne a la familia y nos alienta a mejorarnos.

¿Sabes de dónde surgió la celebración de la Navidad en México?

La costumbre de celebrar la Navidad tal como lo hacemos hoy llegó de España, con los misioneros, en el siglo XVI.

La primera celebración en toda forma fue organizada por fray Pedro de Gante en el año de 1538, en una iglesia. Fue lo que conocemos hoy como "misa de gallo", pues se ofició a las 12 de la noche, y resultó tan popular entre los mexicanos que hoy sigue siendo una de las tradiciones navideñas más respetadas en el país.

Los aztecas, que tenían una religión politeísta (adoraban a muchos dioses), celebraban una especie de navidad antes de la llegada de los españoles. En esta fiesta conmemoraban el nacimiento del dios Huitzilopochtli con danzas, cantos, discursos y comidas especiales, que incluían pequeños ídolos de maíz y miel de nopal. Luego de la Conquista, el número de adeptos a la religión católica creció tanto que para 1587 fray Diego de Soria, del convento de San Agustín de Acolman, pidió permiso a sus superiores para celebrar la primera misa navideña en las afueras de la iglesia, en el patio, para dar cabida a todos los fieles que deseaban asistir.

¿Cuál es el espíritu de la Navidad?

El espíritu de la Navidad es la caridad, el perdón y el amor a nuestros semejantes.

Por ello, durante la época virreinal, el 23 de diciembre el virrey recorría las cárceles de México liberando a los prisioneros culpables de crímenes menores, y la virreina realizaba caridades en orfelinatos y conventos. Así se manifestaba el espíritu navideño en aquel entonces.

¿Sabes de dónde nos llegaron los nacimientos?

La tradición de los nacimientos es obra de San Francisco de Asís, quien en 1223, hallándose en el convento de Monte Columbo, en Italia, decidió celebrar la llegada al mundo del Redentor con una escena natural del nacimiento del Niño Jesús, ¡usando un establo con un burro y una vaca auténticos! De ahí en adelante, la tradición comenzó a difundirse, hasta llegar a España y, finalmente, al continente americano. Los primeros nacimientos en México se hacían de *zumpantle*, una madera tan ligera como

el corcho y, por consiguiente, fácil de labrar.
Las figuras se cubrían con una primera capa
de pintura de oro o plata y luego con otras
de colores. Las monjas se ocupaban de vestir
las figuras con lujo y elegancia. Se cuenta
que el nacimiento de la condesa de Xala fue
valuado a su muerte, acaecida en 1786,
en 1 077 dólares americanos (¡casi lo que
costaba una casa en aquellos tiempos!).
          En el siglo XX también ha habido
nacimientos destacados, como el del poeta
Carlos Pellicer, que acostumbraba situar
su nacimiento de magníficas figuras de cera
cada año en un paisaje diferente.

¿DE DÓNDE PROVIENEN LOS PAVOS?

LOS GUAJOLOTES, COMO SE LES LLAMA AQUÍ EN MÉXICO,
PROCEDEN DEL CONTINENTE AMERICANO.

          Mucho antes de que los pioneros
del barco Mayflower llegaran de Inglaterra
a las costas de los Estados Unidos, en el siglo
XVII, Cortés había descubierto a estas aves
que vagaban libremente por el palacio de
Moctezuma. La carne del guajolote gustó
tanto a los europeos que inmediatamente

procedieron a enviar algunos al rey de
España. De ahí se distribuyeron al resto
de Europa y del mundo.

¿QUÉ SON LAS PASTORELAS?

SON, COMO SU NOMBRE LO INDICA, REPRESENTACIONES
TEATRALES SOBRE PASTORES, EN LAS QUE INTERVIENEN
TAMBIÉN PERSONAJES COMO EL DIABLO Y EL ARCÁNGEL SAN
GABRIEL, QUE SON TÍPICOS DE LA ÉPOCA NAVIDEÑA.
Con el irónico sentido del humor
mexicano, el diablo lleva el papel principal,
se combinan canciones, teatro, bromas
y hasta discusiones con el arcángel. Estas
pequeñas representaciones están llenas de
anécdotas y refranes típicamente mexicano.
Y por tanto, podría decirse que son el
espíritu navideño más auténtico de nuestro
país.

Botella navideña

MATERIAL:

1 Botella de vino o coñac vacía, limpia por dentro y por fuera.
2 Velas rojas
  Pintura dorada en aerosol
2 Esferas pequeñas
1 Listón rojo delgado
1 Ramita de licopodio

INSTRUCCIONES:

Se prenden las velas y se sostienen inclinadas
sobre la botella, para que la cera escurra
en forma desigual desde el cuello hasta
cubrirla totalmente por fuera. Se deben notar
claramente los chorros y las gotas de cera.

Se tapa la boca de la botella
con un pedazo de vela de unos
5 cm (con su mecha).

Luego se coloca la botella sobre periódicos, al aire libre, para rociarla con el espray dorado hasta pintarla totalmente. Se deja secar, y como punto final se ata alrededor del cuello de la botella el cordón rojo, formando un moño para que de él cuelguen el licopodio y las dos esferas pequeñas.

La charrería

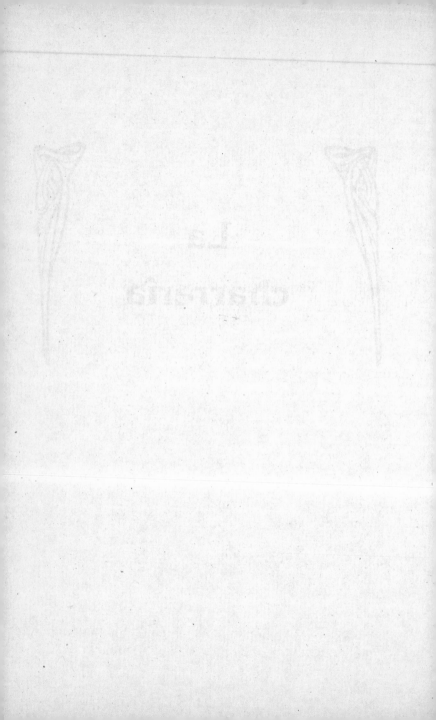

¿SABES TÚ LO QUE ES LA CHARRERÍA?

EN POCAS PALABRAS, LA CHARRERÍA ES UNA FORMA DE VIDA RECTA Y HONESTA, MÁS QUE UNA SIMPLE ACTIVIDAD DEPORTIVA.

Dos niños charros en una hacienda

La charrería es el estandarte de México ante el mundo. Es un ritual casi religioso para los practicantes de un código de conducta que no sólo implica saber lazar un novillo o montar soberbiamente a caballo, sino también cómo llevar el sombrero, sentarse, tratar a una dama y conversar en una reunión.

La época de oro de la charrería fueron los últimos años del siglo XIX y los primeros del XX, cuando el charro creía firmemente en sus ideales de hombre mexicano —honrado, cabal e íntegro—, con esa dignidad que sólo da el conocimiento de los valores intrínsecos del individuo.

¿Cómo surgió la charrería?

Desde el siglo XVI existieron en México grandes haciendas y ranchos en los que había mucho trabajo, pues había que bajar del monte o traer de los agostaderos enormes manadas de caballos y ganado vacuno, para ser curados, marcados o herrados.

Así, los hacendados se unían a sus peones para ayudarlos a lazar y travesear, utilizando las suertes de la charrería.

Un charro mexicano.

¿Sabes cómo surgieron las mujeres charras?

Del hecho de que algunas de las más arrojadas esposas e hijas de los hacendados se sumaban a los grupos de charros en sus actividades ecuestres para desarrollar las labores del campo.

En tiempos de personajes de la talla de don Manuel Escandón y Berrón, marqués de Villavieja, destacado charro y caballero, los charros eran hombres que, habiéndose criado en haciendas y ranchos, y que después vivían en las grandes urbes, añoraban los rudos trabajos del campo, la silla de montar y las espuelas.

En la práctica de la charrería requiere de gran habilidad, que se obtiene a fuerza de práctica y entusiasmo, a pesar del fatigante ejercicio, pues aún después de marcar un animal, aprovechando que estaba tirado, el charro se montaba en él para demostrar su habilidad como jinete, al tiempo que el animal se ponía en pie y comenzaba a brincar a diestra y siniestra tratando de tirar a su jinete. A esta peligrosa actividad se le conoce como *jinetear*.

Había dos modos de jinetear
a las yeguas brutas. Una era "con *tente-mozo*",
en la que el jinete se agarraba a una reata
que se amarraba alrededor del vientre del
animal. La otra era "a la greña", que era
montando a pelo, agarrándose sólo de las
crines del caballo.

Una de las suertes charras más
afamadas es el peligrosísimo "paso de la muerte",
que implica cambiar de montura de un caballo
a otro cuando están en plena carrera.

Otra actividad charra muy
lucidora, y algo que desde hace muchos
años ha venido formando parte
indispensable de las labores del campo, es
ciertamente el floreo con la reata. Para lazar
un novillo, el charro debe agitar la reata
en el aire hasta formar un círculo perfecto
dentro del que el animal queda atrapado.
Hoy en día en los jaripeos y charreadas los
charros florean la reata formando un círculo
dentro del que deben saltar —horizontal
y verticalmente— sin dejar de agitar la reata
en el aire.

Uno de los más grandes charros ha sido don Carlos Rincón Gallardo, de quien dice su gran amigo, don Eduardo N. Iturbe:

"...Siempre listo y siempre al frente
de charros y caballistas,
sin importarle los años
ni las arrugas malditas.
Vuelan al aire sus canas,
calando al potro en la pista,
y se tiñe con el polvo
que alzan las reses bravías.
Pero el músculo de acero
sigue tan firme en la liza
que no hay mozo que le iguale
ni en potencia ni en maestría..."

(Fragmento del poema de don Eduardo N. Iturbe que aparece en *El libro del charro mexicano* de don Carlos Rincón Gallardo, edición 1946).

Fundada en 1933, la Federación Nacional de Charros agrupa 547 asociaciones distribuidas por toda la República mexicana e incluso en algunos estados de la Unión Americana. Esta Asociación intenta conservar los ideales y las tradiciones de la charrería, y hoy cuenta con aproximadamente 45 000 socios, aunque se calcula que en México contamos con más de medio millón de charros activos.

La imagen del charro es tan importante a nivel nacional que en la década de los ochenta, durante la visita del papa Juan Pablo II, 2 500 charros hicieron valla a lo largo de su paso hacia Zapopan, Jalisco, luciendo sus mejores trajes y montando los mejores caballos. Incluso, el último día de su estancia en México, el papa presenció una alegre charreada en uno de los lienzos del Distrito Federal.

La charrería es una gran tradición mexicana —única en el mundo— que no debe perderse, porque hacerlo sería tanto como perder buena parte de nuestras raíces y parte de nuestro pasado histórico.

MANTELITO DE CUERDA PARA PLATOS CALIENTES

SE NECESITA:

3 Metros de mecatillo de color café claro
   o verde seco
1 Carrete de cordón café oscuro para
   combinar
* Tijeras

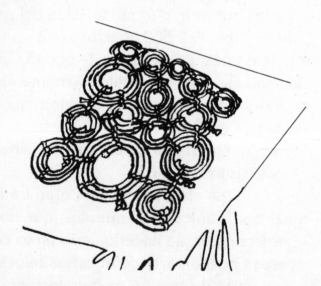

INSTRUCCIONES:

Se anudan tiras del cordón a la cuerda más gruesa, y la cuerda se enrolla sobre sí misma en espiral, como se muestra en las ilustraciones.

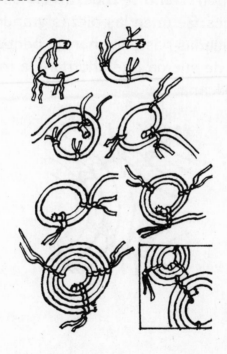

Se atan los dos trozos de cordón a la cuerda que está enrollada, con nudos muy bien hechos. Se enrolla la cuerda y se ata con los

cordones. Cuando la pieza adquiere el
tamaño deseado, se cortan los sobrantes del
cordón que se utilizó para fijar los espirales.
Se hacen varios espirales de diferentes
diámetros, atándolos igualmente con el
cordón, como se muestra en las
ilustraciones. Se unen las piezas grandes con
las pequeñas hasta formar un pequeño
mantel de cuerda que adornará la mesa
a la mexicana.

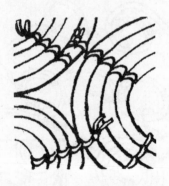

Bote adornado con cordón

Material:

1 Bote grande vacío y limpio, sin tapa
* Periódico cortado en cuadritos de 3 x 3 cm aproximadamente
* Engrudo
* Pintura vinílica color beige o color carne
* Pinturas Vinci blanca, café claro y café oscuro
* Pegamento blanco
2 Metros de cordón, aproximadamente
1 Hoja de papel carbón
1 Lápiz
1 Brocha delgada
2 Pinceles, uno muy delgado y otro mediano

INSTRUCCIONES:

Los cuadritos de periódico se pegan con el engrudo al bote en forma irregular hasta cubrirlo totalmente por fuera. Después se pinta el bote con dos capas de pintura vinílica color beige. Se deja secar.

Luego se calca con mucho cuidado sobre el bote, utilizando papel carbón, el dibujo del sombrero que aparece en la ilustración. Posteriormente se sigue la silueta del sombrero con el cordón, pegándolo con el pegamento blanco. Se deja secar. Después se pinta el sombrero de café claro, y con un pincel muy delgado, se pinta la cuerda de café oscuro. Finalmente se rocía con espray de pintura vinílica transparente.

El bote puede servir para
guardar clavos, tornillos, herramientas,
cepillos y peines, o bien lápices, reglas
y otros auxiliares escolares.

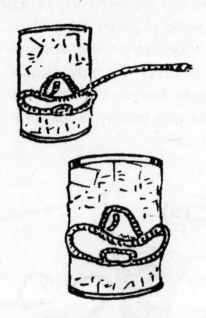

NOTAS